LA COLONIE LIBRE

DE

PORT-BRETON

NOUVELLE FRANCE EN OCÉANIE

MARSEILLE

TYPOGRAPHIE ET LITHOGRAPHIE MARIUS OLIVE

RUE SAINTE, 39

1879

LA COLONIE LIBRE

DE

PORT-BRETON

NOUVELLE FRANCE EN OCÉANIE

MARSEILLE

TYPOGRAPHIE ET LITHOGRAPHIE MARIUS OLIVE

RUE SAINTE, 39

1879

LA COLONIE LIBRE

DE

PORT-BRETON

Le 4 avril 1879, une réunion nombreuse se pressait au SALON DES OEUVRES de Marseille pour y entendre une conférence de M. le marquis de Rays sur son projet de fonder une colonie libre en Océanie. Le nom du promoteur de cette entreprise, le caractère chrétien et français qu'il entend imprimer et conserver à son OEuvre, l'initiative féconde et trop rare en France dont il donne le généreux exemple lui attiraient dès l'abord de naturelles sympathies. L'exposé qu'il a fait de ses idées, de son but et des moyens de l'atteindre lui a conquis tous les suffrages.

La *Gazette du Midi* rend compte chaque semaine des soirées du SALON DES OEUVRES. Voici comment ce journal a parlé de la conférence de M. le marquis de Rays :

Il n'est pas de jour où quelque plainte ne s'élève sur la destinée de la France. Les partis se reprochent mutuellement ses malheurs, son affaiblissement, ses inquiétudes, les dangers de son avenir ; mais, tous, sont unanimes à reconnaître ces malheurs et ces dangers. Puis, si l'on examine de plus près, on est unanime encore à constater combien l'accroissement de la population est inférieur chez nous aux progrès des nations voisines, et l'on assigne diverses causes à cette coupable et mortelle infécondité. On en voit l'origine tantôt dans le morcellement indéfini des héritages, tantôt dans les mollesses du luxe qui combine aujourd'hui pour les pères et demain pour les fils une vie large et facile, une vie faite de la plus grande somme possible de jouissances et de la plus petite somme possible de travail ; tantôt encore dans les préoccupations politiques, dans les conditions économiques de la terre suffisamment occupée, dans les incertitudes du lendemain pour lequel on prévoit la Révolution triomphante, dans les mœurs qui sacrifient la campagne à la ville, dans l'oubli de toutes les lois du Seigneur. Et quand, fatigué du présent, on jette un regard vers le passé : Combien nous avons dégénéré, dit-on ; autrefois nous colonisions, nos essaims vigoureux allaient sur tous les rivages porter notre sang, notre nom, notre influence, notre drapeau. Aujourd'hui, c'est le contraire : les nations étrangères nous assaillent ; le Midi de la France est encombré d'Espagnols et d'Italiens, l'Est de Suisses et d'Allemands, le Nord de Belges et d'Anglais, et nous laissons à ces mêmes peuples l'honneur et le profit d'étendre leurs patries au-delà des mers.

Eh bien, il ne tient qu'à nous de changer ces regrets en espérances et d'épanouir encore notre virilité. Toute entreprise qu'une telle inspiration anime est digne de sympathie, nous allions dire de respect. C'est pourquoi le Salon des OEuvres s'est plu à ouvrir ses portes à un homme qui lui a dit : — Je veux coloniser pour Dieu et pour la France. — Nous n'avons pas élevé les objections étroites de la faiblesse indécise, ni celles de l'incrédulité narquoise. Nos pères ont colonisé, les Anglais, les Hollandais, les Allemands, les Italiens eux-mêmes colonisent encore, aussi loin que la mer peut porter un navire, aussi loin qu'il y a une terre où le soleil triomphe des frimats, où des souffles bienfaisants tempèrent le soleil de feu ; car sous les soleils de feu sans brises bienfaisantes, et sur les glaces éternelles sans tièdes rayons, une seule espèce de colonisateurs ose aller s'établir : les missionnaires dont la fortune acquise et espérée n'est jamais autre que les âmes et la croix ! Courage donc, avons-nous dit ; ce que d'autres font, ce que nos pères ont fait, ne voudrions-nous pas et ne pourrions-nous pas le faire ? C'est pourquoi lorsque M. le marquis de Rays s'est présenté, nous lui avons répondu : Parlez ! Son attitude ferme et franche, sa vigueur toute bretonne préviennent en sa faveur ; sa parole convaincue et ardente invite à la confiance ; sa foi est sincère et son espérance raisonnable ; nous l'avons écouté ; il a conquis ailleurs et ici de nombreux adhérents ; que le courage et le travail, le dévouement et la persévérance s'unissent ; Dieu fera le reste et seul il connaît l'avenir.

Pour être plus précis, M. le marquis de Rays a exposé ses projets par une lecture. A notre tour, nous préférons lui emprunter ce document que d'en rendre compte. L'OEuvre entreprise apparaîtra ainsi plus exactement telle que son initiateur la comprend, la propose et la justifie.

M. le marquis de Rays s'est exprimé en ces termes :

« Messieurs,

» J'étais loin de m'attendre à l'honneur que vous avez bien voulu me faire en m'invitant, il y a plus d'un mois déjà, par l'organe de votre honorable président, à venir exposer au Salon des OEuvres le but et la pensée de la colonie libre de Port-Breton.

» Merci, Messieurs, de votre généreuse initiative ! Elle deviendra pour notre œuvre l'aurore d'un jour nouveau plus fécond et plus grand ; elle nous ouvrira des perspectives nouvelles et, de cette tribune même que vous voulez bien m'offrir, ma voix s'étendra plus au loin.

» Vous m'accorderez, messieurs, votre indulgence entière, et, appuyés ensemble sur le sentiment religieux et patriotique qui sert de base à notre œuvre et qui est la source commune de nos aspirations mutuelles, nous arriverons, je l'espère, à pouvoir nous comprendre.

» Oui, la pensée de notre colonie libre est née du sentiment religieux et patriotique. Les déchirements de l'Europe, les nuages de l'horizon, les froissements perpétuels, au plus profond de notre être, de notre sens intime catholique et français, n'y sont pas étrangers... Hélas, pauvre patrie, qu'est devenue ta gloire ? Fille aînée de l'Eglise, où donc est ta couronne ?...

» Ah ! messieurs, ce sentiment poignant de la tristesse française, vous l'éprouvez comme moi ; de tous côtés vous avez tourné vos regards et vous n'avez vu que le deuil...

» Eh bien ! tous ensemble, enfants de la vieille France, dans une pensée commune unissons nos efforts !

» L'expansion par le monde d'une idée nationale a toujours constitué la grandeur d'un pays : c'est par les colonies qu'un peuple devient grand.

» Or, vous le savez aussi, toute entreprise humaine élevée contre Dieu ou en dehors de lui ne saurait subsister. Fidèle à sa mission divine, la France était puissante ; ne l'oublions jamais ! et, fils dévoués de la patrie antique, imprimons à notre œuvre nouvelle le caractère sacré qui lui donnera la vie : le baptême catholique.

» Ah ! faible ouvrier d'une œuvre grande et belle, que suis-je donc pour en devenir l'apôtre ; pour vous parler ainsi !..... Je ne suis rien, messieurs ; et c'est pour cela même que Dieu nous soutiendra, afin qu'il soit compris que lui seul est puissant.

» La gouttelette d'eau, me disait autrefois un apôtre vénéré, la gouttelette d'eau qui tombe dans l'Océan participe à sa grandeur, à sa profondeur, à son immensité !... Telle est la volonté de l'homme quand elle tombe dans la volonté de Dieu ; et qui saurait alors l'empêcher de se produire ?...

» Soyons donc unis de toutes nos forces à la volonté divine, afin que notre impuissante pensée puisse devenir, par là même, la gouttelette d'eau dont parlait le P. Corbois. Et alors le monde, un jour, s'étonnera d'un succès qu'il n'avait point prévu, d'une œuvre dont il pouvait sourire...

» Et maintenant que nous avons placé toutes nos aspirations sous la protection de Celui sans lequel il n'est rien, nous allons, si vous le voulez bien, aborder l'exposition pratique, au point de vue des choses humaines, des moyens généraux qui doivent servir de base à l'entreprise elle-même.

» Ces moyens, messieurs, sont toujours identiques ; l'instrument principal du succès dans toute entreprise humaine, c'est le capital nécessaire à son exécution ; c'est la représentation matérielle des intérêts divers engagés dans une œuvre quelconque : levier puissant dont la force brutale s'impose de tout son poids.

» Ce qui devait donc me préoccuper tout d'abord, c'était la création du capital nécessaire à l'entreprise elle-même. Une difficulté s'élevait, insurmontable en apparence ; elle résidait tout entière dans la question des garanties offertes. De toutes parts s'élevait ce cri unanime, intense, ironique : Quelles garanties nous donnez-vous ? Et, de fait, quelle autre garantie pouvais-je offrir au succès de l'entreprise, que l'exécution de l'entreprise elle-même ?..... Cercle vicieux, insoluble problème.

» La nature spéciale et toute particulière de notre œuvre m'obligeait, en effet, pour en assurer l'avenir, à conserver non-seulement entre mes mains la direction suprême, mais encore à la soustraire aux entraves mortelles d'une organisation industrielle ou commerciale, dont les étreintes jalouses auraient détruit bientôt le caractère sacré de son propre baptême religieux et social.

» Je devenais dès lors, par la force même des choses, l'unique représentant de ma propre pensée, sans contrôle, sans partage de pouvoirs !.. Et qui donc étais-je ?

» Ah ! je vous l'ai dit tout à l'heure; je n'étais rien alors, je ne suis rien aujourd'hui, et Dieu seul est puissant !..... Mais voilà que par sa permission ma voix est entendue ; un courant sympathique s'établit entre des hommes unis d'une même pensée ; des apôtres se révèlent ; on se recherche, on s'étudie mutuellement, l'idée revêt un corps et voilà que nous devenons une entité vivante, aujourd'hui représentée, déjà, par la volonté unanime de près de trois mille cœurs unis dans un même but !

» Messieurs, je dois vous le dire : pour une œuvre semblable, dans de telles conditions, pouvais-je espérer un succès si rapide ? Et maintenant qu'un premier pas est fait, maintenant que la semence a germé sur un terrain fertile comme celui de la France, quels horizons ne pouvons-nous point prévoir pour une idée française appuyée déjà, sur le sol national, par plus de trois mille âpotres !

» Dieu le veut, messieurs, notre œuvre sera grande !

» Permettez-moi de vous nommer ici avec le sentiment d'une reconnaissance profonde, les deux hommes qui, chacun dans sa sphère, ont assuré, dès le début, le succès de la pensée qui nous réunit en cette enceinte : M. de Goy, avocat, fondateur du Patronage de Saint-Joseph de Quimper, notre secrétaire colonial, et le vénérable curé de ma paroisse bretonne, dont la bienveillante estime m'a toujours soutenu près de tous et en toute occasion. Qu'ils reçoivent donc ici tous mes remercîments.

» Pardonnez-moi, je vous prie, cette digression qui répond à un besoin de mon âme et revenons ensemble, si vous le voulez bien, à l'organisation financière de l'entreprise qui nous occupe, si je puis exprimer par ces mots une souscription volontaire faite dans des conditions déterminées pour atteindre le but que nous nous proposons.

» Agissant absolument en dehors de toute organisation industrielle ou commerciale, nous devons considérer et nous considérons, en effet, comme le produit de souscriptions volontaires, les fonds qui nous sont remis dans ces conditions spéciales, quoique l'exécution de l'entreprise elle-même doive entraîner à sa suite, dans notre propre pensée, la réalisation d'une véritable fortune pour tous ses adhérents : fortune relative et proportionnelle, naturellement, au chiffre même de la participation de chacun.

» Nous offrons donc, par lots, le terrain à coloniser à tous ceux qui veulent bien s'associer à notre œuvre et nous émettons, à cet effet, des bons de terrain au porteur à raison de 5 francs l'hectare. La valeur de ces bons, arbitrairement fixée aujourd'hui, ne saurait évidemment exister que par suite de la colonisation même. C'est à ceux qui comme nous croient au succès de l'entreprise, *qu'il appartient d'accepter la valeur actuellement fictive que tous ensemble nous accordons volontairement à ces Bons.*

» Les terrains représentés par ces bons jouiront, pendant dix ans, de toute exemption d'impôts et demeureront à la disposition absolue du porteur. Ils seront déterminés par le cadastre et désignés par des numéros d'ordre et des numéros de série. Ils seront négociables comme toute autre valeur et jouiront d'une plus-value progressive et proportionnelle aux développements de la colonisation même.

» Tout porteur de bons sera libre d'administrer, de vendre ou de gérer à son gré sa propriété foncière, soit directement, soit par tout intermédiaire qui pourra lui convenir et aux conditions qu'il fixera lui-même. L'administration coloniale se mettra, d'ailleurs, à la disposition de tout intéressé pour exécuter les demandes de location, de vente ou d'achat, moyennant dix pour cent de tous les prix ou conditions obtenus. Elle adoptera, pour elle-même et pour ses commettants, le système d'exploitation des terres usité dans les colonies Hollandaises.

» Ce système consiste à établir sur les terrains coloniaux des familles d'agriculteurs chinois, indiens ou malais, moyennant un cinquième des produits bruts de leur exploitation. On obtient ainsi de ces races industrieuses, actives, laborieuses, des résultats bien plus moraux et bien plus considérables que par l'esclavage des nègres. Nous adopterons le même système : seulement, pour attirer les émigrants chinois qui se répandent en nombre considérable jusque dans l'Australie du Sud, nous leur offrirons chez nous tous les terrains qu'ils pourront désirer *moyennant un quinzième des produits* : soit trois fois moins que chez les Hollandais.

» Dans de pareilles conditions, l'avenir est assuré. Les plus belles perspectives sont offertes au plus faible capital, et tout Français, tout Européen peut s'assurer dans notre établissement, pour un prix insignifiant, de véritables fermes, de belles exploitations, et se créer ainsi, sans courir aucun risque, sans quitter son foyer, un revenu considérable et proportionnel au chiffre de ses terrains.

» Nul porteur de bons ne sera tenu, en effet, d'habiter la colonie. Il pourra vendre ou affermer ses terrains représentés par leurs numéros d'ordre et leurs numéros de série, aux mêmes conditions que l'administration elle-même *et par son intermédiaire, s'il le désire*, à moins qu'il ne préfère tout autre mandataire.

» Chacun de nos souscripteurs pourra donc devenir propriétaire foncier dans notre colonie, à raison de cinq francs l'hectare, et se créer ainsi, en dehors de tout trouble politique, de tout bouleversement, de toute révolution, une fortune coloniale proportionnelle à ses désirs et à son capital, quelque faible qu'il soit.

» Or, il suffit souvent au plus pauvre colon, dans les régions tropicales, d'un seul hectare de terre cultivé en sucre ou en café, pour réaliser un revenu de quelques mille francs par an.

» Les revenus et le montant des ventes seront payables à Paris, chaque année, dans une des premières banques ou, sur sa demande, au domicile du souscripteur lui-même, déduction faite des frais. Les terrains dont la gérance sera confiée à l'administration coloniale ne pourront être affermés ou vendus que suivant leur rang d'inscription, les premiers inscrits devant, naturellement, conserver la priorité de leur tour de rôle.

» La rapidité des grandes fortunes coloniales est, d'ailleurs, un fait parfaitement établi, lorsque l'intelligence et l'activité peuvent s'exercer dans de bonnes conditions. Nos colonies françaises en furent longtemps la preuve, et cette même preuve est aujourd'hui largement confirmée par les développements rapides et prodigieux de la fortune publique et particulière dans les établissements hollandais et australiens qui nous serviront d'exemple et de débouchés.

» Nous voulons associer les intérêts français en leur offrant des perspectives égales. Il suffirait, en effet, à chacun de nos souscripteurs, de posséder quelques lots de terrain dans notre établissement, pour avoir en perspective le très-sérieux espoir de réaliser, en quelques années seulement, une fortune considérable, et cela sans courir aucun risque, sans quitter son pays, par la simple location de ses terres aux colons indigènes, européens ou chinois, sous la direction de l'administration même.

» Nous voulons offrir encore à tous nos souscripteurs un avantage immense, impossible aujourd'hui dans presque toute notre vieille Europe. Cet avantage, le voici.

» Tout homme est créateur ; le vide et le néant répugnent à sa nature. Pourquoi donc lui enlever le légitime espoir de laisser en ce monde, après lui, quelque trace de son passage ? Pourquoi détruire, à sa mort, l'œuvre de toute sa vie, disperser sa fortune et anéantir sa famille en éteignant son foyer ? Dans un pays nouveau, il ne faut rien détruire ; les horizons sont vastes, l'espace est sans limites et la somme des intérêts généraux se multiplie indéfiniment par le développement même des intérêts particuliers.

» Nous voulons donc offrir à tout père de famille, dans notre colonie libre, le droit absolu de tester *dans l'acception la plus large et la plus générale.*

» Tout père de famille résidant en Europe ou sur notre territoire pourra donc, *à son gré*, transmettre à un seul héritier sa fortune coloniale. Il sera libre de perpétuer ainsi sa famille et son nom : il pourra vivre encore par-delà le tombeau, satisfaction suprême et légitime, dans le souvenir des siens, dans la perpétuité du foyer domestique dont il aura, lui-même, posé la première pierre, et ce droit naturel, ce droit incontestable, il le transmettra, dans toute sa plénitude, à chacun de ses enfants. Chacun d'eux appuyé sur la souche primordiale, sur le foyer central, pourra devenir créateur à son tour et fondateur de race, transmettre à sa postérité sa fortune et son nom, le souvenir de son passage ici-bas.

» A nous donc l'avenir ; à nous, par-delà l'Océan, l'agrandissement de la patrie, la perpétuité des familles et des œuvres, et un souvenir durable dans notre descendance !

» Mais quel sera, par le monde, le point choisi par nous ?... L'Amérique et l'Asie sont occupées déjà. L'Afrique aux rives malsaines ne saurait nous convenir, et l'intérieur de ce grand continent encore inexploré offrirait aux débuts d'une semblable entreprise des obstacles immenses !... L'Océanie seule, encore inoccupée sur de vastes surfaces, peut offrir à notre œuvre un champ d'action sérieux. C'est donc vers cette partie du monde que nous avons dû tourner nos regards.

» Ce qu'il nous faut pour point de départ de notre entreprise océanienne, c'est un bon port de mer qui puisse servir de base à notre premier établissement, et quelques navires bien équipés et bien armés, conformément à la loi française qui met à la disposition des navires destinés à ces mers un armement spécial. Ainsi fait aussi pour son compte particulier, dans l'Archipel des Navigateurs, la maison allemande qui s'y est établie.

» Le port est tout trouvé : il est situé dans la partie sud-est de la Nouvelle-Irlande, archipel de la Nouvelle-Bretagne, sur le canal Saint-Georges et sur la grande ligne maritime de l'Australie en Chine.

» Ce port est bien choisi : visité par Dumont-d'Urville, relevé par Duperré ; les Français ont assurément plus que tout autre peuple le droit de s'y établir. N'oublions pas, d'ailleurs, que nous sommes toujours de simples particuliers n'engageant en aucune façon la responsabilité de notre gouvernement.

» Du port Breton, port Praslin aujourd'hui, nos visées peuvent s'étendre sur la Nouvelle-Bretagne, sur la Louisiade découverte par nos navigateurs, sur les îles Salomon, sur la Nouvelle-Guinée dont la partie septentrionale est occupée déjà par les Hollandais, nos maîtres dans ce genre nouveau de colonisation. Les vastes espaces ne sauraient nous manquer.

» Nous avons donc le port. La température, température océanienne, y est très-modérée, malgré sa proximité de l'équateur, et ne varie généralement que de deux à trois degrés, entre 25 et 28. Le pays est très-boisé, très-fertile, admirablement arrosé ; il s'élève rapidement à partir de la mer, ce qui permet à chacun de choisir la hauteur et, par conséquent, la température qui convient le mieux à son propre tempérament. L'abondance des sources et des cours d'eau y permet la création économique de toutes les industries exigeant une force motrice quelconque, et l'arrosage naturel du pays y facilite, dans des conditions de fertilité exceptionnelles, toutes les productions coloniales dont le placement s'effectue en Australie beaucoup plus avantageusement qu'en Europe. Les vivres y abondent ainsi que le poisson.

» Nous nous réservons cependant, en tout état de cause et une fois rendus sur place, le choix définitif de notre premier établissement ; ce choix est subordonné à la puissance des ressources dont nous pourrons disposer au moment opportun.

» Aussitôt établis, nous rayonnerons autour de notre centre, visitant constamment les tribus maritimes des archipels voisins, nous associant à leurs chefs, au moyen de traités, pour l'extension des cultures existant déjà dans leurs propres territoires et pour l'introduction de cultures nouvelles par leur intermédiaire, partageant avec eux les produits, les attachant à notre Œuvre par des subsides réguliers appropriés à leurs besoins, *favorisant partout l'action des missionnaires* et déposant, avec grand apparat, des résidents spéciaux partout où n'existeront pas déjà des missions catholiques.

» Nous relierons ainsi, dans un faisceau commun d'intérêts sérieusement étudiés, sous la sauvegarde et la sanction de leurs chefs naturels, toutes ces petites peuplades dont nous serons la tête, pour en former une sorte de confédération franco-océanienne, en soutenant partout et dans toutes les tribus l'action du missionnaire, comme base principale de notre système spécial de colonisation ; appelant à notre aide tous les ordres religieux : chartreux, frères, trappistes, pour fonder et diriger nos premiers établissements industriels et agricoles et constituer, par leur moyen, avec les éléments indigènes des îles déjà évangélisées, le premier noyau de notre marine océanienne qui les reliera toutes en un lien national, sous notre direction française et catholique. — Ah ! messieurs, les moines ont fondé la vieille France, ils créeront la nouvelle !

» La civilisation des peuples barbares ne peut avoir pour base que la Foi, le travail et la prière. Tels seront nos moyens.

» Vous connaissez désormais, Messieurs, le but de notre entreprise et les moyens d'y atteindre. Notre horizon s'élargit tous les jours. Bien faibles à nos débuts, nous comptons, déjà, j'ai eu l'honneur de vous le dire, près de trois mille adhérents. Le chiffre des souscriptions est aujourd'hui suffisant pour permettre l'acquisition du matériel naval et industriel nécessaire à un commencement d'exécution. Dans de pareilles conditions, le succès, croyons-nous, ne saurait faire un doute. Nous avions donc résolu, pour répondre au désir exprimé par un grand nombre de nos adhérents, de proposer à tous nos souscripteurs la clôture de notre première série de souscription pour le 30 mars écoulé, en fixant au 30 avril courant l'époque des premiers versements. En quinze jours, messieurs, notre premier capital a doublé, et, non contents encore de ce résultat splendide, nos vaillants adhérents nous demandent, de tous côtés, de retarder au moins jusqu'au milieu du mois de mai l'ouverture de la seconde série qui doit porter à dix francs le prix des bons actuels, afin de leur permettre de réaliser, aux conditions anciennes, par leurs amis ou par eux-mêmes, un effort plus généreux encore. Nous ne pouvons que nous rendre à de pareils accents, surtout en présence des souscriptions ouvertes qui nous permettent de nous occuper, dans le plus bref délai, de l'achat des navires et de l'organisation de l'entreprise elle-même, sans attendre désormais l'échéance du mois d'août que nous avions cru devoir fixer tout d'abord.

» Notre journal, le journal de la *Nouvelle France*, pourra, dès lors, paraître à partir du mois de juin, peut-être avant. La rapidité avec laquelle notre souscription, assez languissante au début, s'est couverte en ces dernières semaines, nous laisse, en effet, disponible pour les besoins de la commune entreprise, une somme de 30.000 francs environ économisés par nous sur les frais généraux et la publicité, économie que nous sommes heureux de rapporter au premier capital pour en augmenter les ressources. Désormais unis pour la construction de l'édifice dont nous avons ensemble posé la première pierre, rien ne saurait détruire aujourd'hui, nous osons l'espérer, le lien qui fait notre force, et nous empêcher de réaliser enfin la grande œuvre nationale et sociale que nous avons entreprise. Nous arriverons au

but, et ce but est digne de nous : il est grand, il est français !
Nous réussirons, messieurs.

» Nous reculerons donc jusqu'au 20 mai prochain l'ouverture de la seconde série de bons à dix francs. A dater de cette date du 20 mai, le montant des bons souscrits devra être versé au moment même de la souscription, l'affaire étant entrée dès lors dans la voie de la réalisation pratique. En effet, désormais appuyés sur un premier capital et sur un commencement d'exécution, nous marcherons à pas rapides dans la voie que nous nous sommes tracée.

» A dater du 20 mai, nous porterons donc à dix fr., au lieu de cinq, le prix des bons de terrain, afin de favoriser ainsi les premiers souscripteurs en leur faisant réaliser, avant même l'organisation des cultures, une prime de cent pour cent sur le capital versé. Il est juste, en effet, que les adhérents de la première heure dont la foi seule a rendu possible le succès de l'entreprise soient récompensés de leur concours et de leur initiative. Nous agirons de la même façon pour les séries successives qui se produiront au fur et à mesure des développements nouveaux, jusqu'au moment de la clôture définitive après la réalisation du capital de trois millions qui sert de base à l'affaire.

» Les souscripteurs des diverses séries seront donc appelés à profiter, par ce moyen, des bénéfices de l'entreprise, *proportionnellement à la valeur même du concours qu'ils lui auront apporté*. Il ne serait pas équitable, en effet, que les derniers venus n'ayant aucun risque à courir vinssent partager à proportion égale les bénéfices d'une affaire uniquement assurée par des efforts étrangers à leur propre concours.

» Nous allons donc nous occuper immédiatement, à dater du mois de mai, de l'acquisition des navires et de leur appropriation spéciale au but de l'entreprise, sans attendre l'échéance du mois d'août primitivement fixée, alors qu'il nous était encore impossible de prévoir le chiffre des ressources nouvelles déjà mises, aujourd'hui, à notre disposition.

» Notre premier établissement, en effet, donnera, dès le début, à l'administration coloniale, avant même le produit des cultures, des revenus suffisants pour l'entretien et le développement immédiats de l'entreprise commune. Il nous suffira, pour cela, d'expédier dans les ports d'Australie nos bois d'œuvre et de construction, nos charbons de bois, nos coprahs (amandes de cocos pour la fabrication de l'huile) ; et nous y chargerons des charbons de terre à 10 fr. la tonne que nous revendrons pour un prix considérable en Chine, après avoir fait escale dans notre établissement, pour y prendre, en complément de fret, certains bois précieux et autres, du poisson fumé ou salé, et surtout *du tripang*, sorte de mollusque très-abondant en ces parages, dont les Chinois sont très-friands et qu'ils paient, suivant qualité, de 2,700 à 3,700 fr. la tonne ! Nous ramènerons, au retour, nos familles d'engagés et de fermiers chinois destinés aux cultures coloniales et particulières, de manière à réaliser ainsi dès le début de notre œuvre un mouvement constant et régulier d'opérations successives qui puissent servir de base à nos développements futurs, même dans le cas, impossible aujourd'hui, où notre capital actuel demeurerait stationnaire.

» Je crois devoir répondre, messieurs, au bon accueil que vous avez bien voulu me faire dans cette grande capitale du Midi, en ouvrant à Marseille de nouveaux bureaux de notre colonie libre, concurremment avec nos bureaux de Paris, afin de favoriser les développements de notre œuvre. Les souscriptions seront donc indifféremment reçues, désormais, soit à nos bureaux de Paris, rue de la Ville-l'Evêque, n° 5, soit à nos bureaux de Marseille, rue de la République, n° 11.

» Et, maintenant, avant de vous quitter, permettez-moi de revenir encore sur le caractère religieux et social de notre entreprise.

» Aux époques de trouble et de désordre moral comme celle où s'agitent aujourd'hui les peuples européens, les œuvres de colonisation sont toujours appelées aux plus heureux résultats. Elles ouvrent à l'imagination des perspectives brillantes qui la détournent des chemins dangereux, des voies anti-sociales, au grand profit du sentiment patriotique dont le germe se développe et porte à l'extérieur des éléments nouveaux et sans cesse grandissants de puissance et d'expansion nationales.

» C'est à ses colonies *aux constitutions diverses*, pouvant offrir aux aspirations politiques et sociales les plus variées un champ libre d'action, que l'Angleterre doit sa force, sa grandeur et sa sécurité. C'est aussi dans cette voie que veut entrer l'Allemagne, où l'Italie paraît vouloir la suivre en utilisant dans ce but l'élément garibaldien.

» Quant à nous, fidèles aux traditions catholiques et françaises ! nous appuierons sur la Croix la réalisation de notre œuvre nationale, pour grouper autour de notre centre les intérêts nationaux de tous ces petits peuples océaniens évangélisés déjà par nos propres missionnaires.

» Appuyée sur cette force puissante, notre colonie nouvelle n'en sera pas moins utile au but français que nous poursuivons à l'exemple des Anglais, des Allemands qui poursuivent chacun le leur par des moyens différents.

» Comme ces autres nations, nous faisons directement appel à l'initiative privée, heureux de toute protection, de tout appui, de toute sanction morale que voudra bien nous accorder le gouvernement de notre propre pays, sans l'engager en rien vis-à-vis des tiers, pour ne jamais lui créer, par notre initiative, des embarras inutiles, suivant en cela même l'exemple des entreprises anglaises. C'est ainsi que, nos heureux voisins ont successivement créé dans l'Océanie leurs établissements particuliers *en dehors de toute attache officielle et souvent même en dehors de tout appui moral plusieurs fois refusé*, comme dans la colonisation des îles Fidgi et dans les tentatives aujourd'hui en voie d'organisation pour la Nouvelle-Guinée.

» Nos voisins préludent ainsi par leur seule initiative et dans l'entière liberté privée de citoyen anglais, à l'absorption successive des plus vastes contrées. Suivons donc cet exemple de tous les peuples libres, et, libres nous-mêmes dans notre champ d'action, élevons à la France un monument nouveau de grandeur nationale !

» Nous serons suivis, soyez-en certains, dans une semblable voie, et, notre pays retrouvera de grands jours. Nous renouerons sur de nouveaux rivages, au moyen de nos colonies libres, la chaîne interrompue de nos traditions coloniales ; nous serons grands encore et, sans charges nouvelles pour le pays lui-même, nous ressusciterons, au grand profit de tous, notre pauvre marine marchande, souvenir d'un grand passé, source de gloire nouvelle.

» A l'œuvre donc, messieurs, et veuille Dieu nous aider ! » (1)

Après cette lecture, diverses questions ont été posées à M. le marquis de Rays sur la topographie, la végétation, le régime des eaux, le sol, les cultures possibles, les ressources de la future colonie. Il a répondu à toutes, sans hésitation, en homme en pleine possession de son projet dont il a prévu toutes les éventualités. Il a expliqué surtout que cette colonie était libre. Le gouvernement français s'obstine dans les errements qui lui font refuser d'acquérir, de fonder de nouvelles colonies. Cette année même, il a refusé les Nouvelles-Hébrides. C'est sa politique. Elle est discutable. Quoi qu'il en soit, Port-Breton sera une colonie libre. Si la France lui accorde plus tard son protectorat, elle en sera reconnaissante ; mais elle n'en a pas besoin pour s'établir.

---

(1) On trouvera à la fin de cette brochure divers documents pratiques et une carte qui achèveront de bien faire connaître l'entreprise de la colonie libre de Port-Breton.

Elle se donnera des lois dans toute l'indépendance de sa libre origine et de sa libre vie. Mais elle n'oubliera jamais que ses fondateurs sont Français. Pour leurs affaires et en ce qui concerne la mère-patrie, ils seront chez elle comme ils sont en Angleterre, par exemple, conservant l'intégrité de leur statut personnel, mais bénéficiant, pour le statut réel, des règles établies dans la colonie nouvelle. C'est ainsi qu'ils pourront disposer librement des biens qu'ils y possèderont comme ils feraient, d'après les lois anglaises ou américaines, pour des biens situés à Londres ou à New-York. Ils ne cesseront pas, pour cela, d'être Français ; pas plus que les anglais des îles Fidji n'ont cessé d'être anglais.

Des cartes, celles de la marine française, ont été déployées. On y a constaté l'heureuse situation de la baie où sera Port-Breton, sur la route de Chine en Australie, le système de ses montagnes et la forme encourageante de ses rivages. Soirée intéressante, en définitive, que le Salon des Œuvres s'applaudit d'avoir organisée, qui a ébranlé bien des incrédulités, amoindri bien des doutes, ouvert de nombreuses espérances et démontré, en tous cas, que si la France le voulait fermement et laissait agir l'expansion de son cœur plutôt que les sophismes de son esprit, il y aurait place encore, sous les méridiens les plus reculés, pour sa vieille foi catholique et pour son drapeau, déchiré aujourd'hui mais noble et glorieux toujours.

Chère patrie ! Que le ciel favorable lui verse ses rayons créateurs et que les mers dociles portent fidèlement le vaisseau rajeuni de ses destinées !

MODÈLE DE SOUSCRIPTION

pouvant être copié à la main par le souscripteur.

NOUVELLE FRANCE

COLONIE LIBRE DE PORT-BRETON *(Océanie)*.

Je soussigné m'engage, par le présent, à souscrire (1)
bons de terrains dans la colonie libre de Port-Breton, *à raison de* **5 fr.** *par bon*, payables un franc par mois. *Ci-joint un franc par bon, pour publicité et frais divers.*

(Ce versement règlementaire et immédiat est indépendant du prix même du bon fixé à 5 fr., mais il donne droit à un hectare gratuit par cinq bons souscrits).

    Fait à   , *le*   187

          (*Signature*).

Nom
Prénoms
Profession
Adresse

Ecrire très-lisiblement, plier, affranchir et mettre à la poste.

Avis important. — Il faut adresser les demandes de souscription et d'abonnement au journal à *Monsieur le Directeur du bureau de la Colonie libre de Port-Breton, rue de la Ville-l'Evêque, n. 5, à Paris.*

Ou bien, *rue de la République, n. 11, à Marseille.*

Afin d'éviter toute erreur ou irrégularité, les souscripteurs sont priés de s'adresser toujours aux mêmes bureaux.

(1) Indiquer le nombre de bons en toutes lettres.

MODÈLE D'ABONNEMENT

LA NOUVELLE FRANCE
JOURNAL DE PORT-BRETON (Colonie libre) (*Océanie*).

Je soussigné m'engage, par le présent, à souscrire (1) abonnements à la Nouvelle-France, *journal mensuel de Port-Breton (colonie libre), à raison de* **5 fr. par an.**

Nota : Cette promesse d'abonnement ne donne lieu, pour le moment, à aucun versement.

Fait à   , le   187

(*Signature*).

Nom

Prénoms

Profession

Adresse

Ecrire très-lisiblement, plier, affranchir et mettre à la poste. (2)

(1) Indiquer le nombre d'abonnements en toutes lettres.
(2) Voir *l'avis important* au bas de la page précédente.

MODELE du Récépissé délivré au Souscripteur au moment de sa Souscription, avec indication du titre cadastral sous lequel il est inscrit.

Monsieur,

Nous avons l'honneur de vous accuser réception de votre promesse de souscription s'élevant au chiffre de   bons de terrains, vous donnant droit à   hectares de terre dans la colonie libre de Port-Breton. Votre souscription est inscrite sous le titre cadastral série   section   n°˙

Nous avons également reçu, accompagnant cette promesse, la somme de   pour votre participation particulière et proportionnelle dans les frais et risques de l'entreprise, conformément aux circulaires dont vous avez pris connaissance.

Les titres définitifs ne seront remis aux porteurs qu'après le versement intégral de leur souscription entière, dont le dernier cinquième mensuel est exigible le 30 août au plus tard et les autres cinquièmes le 30 de chaque mois à partir du 30 avril 1879.

Bonne note est prise de votre abonnement au journal.

Veuillez agréer, Monsieur, l'expression de notre considération.

Le Directeur du Bureau de ......

P. S. — Tous les terrains d'une même souscription seront autant que possible réunis d'un seul tenant.

Les terres absolument impropres à toute espèce de culture ne seront point cadastrées ni livrées au public.

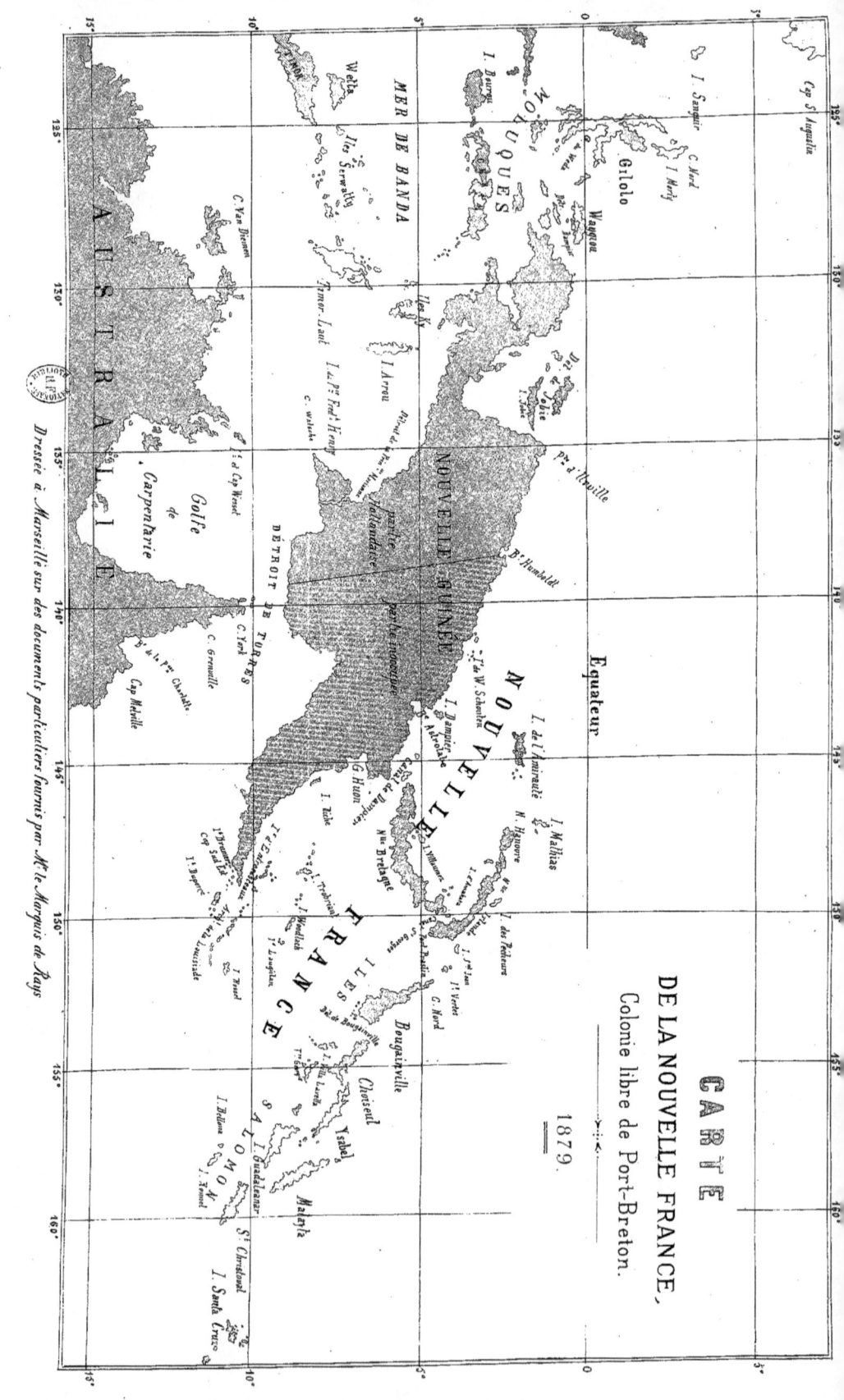

www.ingramcontent.com/pod-product-compliance
Lightning Source LLC
Chambersburg PA
CBHW060532050426
42451CB00011B/1738